LA MORT DES ROIS
suivi de
LE TEMPS EST AU NOIR
de Robert Claing
est le trois cent quatre-vingt-huitième ouvrage
publié chez
VLB ÉDITEUR.

du même auteur

LA FEMME D'INTÉRIEUR suivi de UNE FEMME À LA FENÊTRE, théâtre, VLB Éditeur, 1989.

Robert Claing

La mort des rois
suivi de
Le temps est au noir
théâtre

vlb éditeur

VLB ÉDITEUR
1000, rue Amherst, suite 102
Montréal (Qué.)
H2L 3K5
Tél.: (514) 523-1182
Télécopieur: (514) 282-7530

Maquette de la couverture:
Katherine Sapon

Photographie de la couverture: Robert Etcheverry
Photos de *La Mort des rois*: Robert Etcheverry
Photos de *Le Temps est au noir*: Gilbert Denobilé

Distribution:
AGENCE DE DISTRIBUTION POPULAIRE
955, rue Amherst
Montréal (Qué.)
H2L 3K4
Tél.: à Montréal: 523-1182
        de l'extérieur: 1-800-361-4806

Dépôt légal — 2e trimestre 1991
Bibliothèque nationale du Québec
ISBN 2-89005-441-1

à ma fille, Olga

On a décidé de faire la nuit
Pour une petite étoile problématique
A-t-on le droit de faire la nuit
Nuit sur le monde et sur notre cœur
Pour une étincelle
Luira-t-elle
Dans le ciel immense désert…
Regards et jeux dans l'espace
SAINT-DENYS GARNEAU

LA MORT DES ROIS
a été créée à l'Espace libre,
le 6 mars 1990, à Montréal,
dans une mise en scène de Jean Asselin
et une production Omnibus
avec la distribution suivante:

Benoît Dagenais .... Jean sans Terre
Suzanne Lantagne .... Aliénor d'Aquitaine
Francine Alepin et Jacques Le Blanc .... les mimes
Silvy Grenier .... la musicienne

avec des décors et des costumes d'Yvan Gaudin,
une assistance aux costumes de Paule-Josée Meunier,
Jean-Charles Martel à la direction de production
et aux éclairages,
une adaptation musicale de Silvy Grenier,
Réal Bossé à la régie,
et des photos de Robert Etcheverry.

L'écriture de *La Mort des rois* a profité d'une subvention d'aide au développement du théâtre du ministère des Affaires culturelles du Québec.

PERSONNAGES

Jean sans Terre, roi d'Angleterre.

Aliénor d'Aquitaine, sa mère, reine de France puis d'Angleterre.

LIEUX

Jean est devant une tente élevée sur un terrain vague où il passera à la fin pour mourir.

Aliénor est dans ses appartements, sa cellule, à l'abbaye de Fontevrault. Elle a quatre-vingt-deux ans et va mourir bientôt.

TEMPS

On est au début du XIIIe siècle. Aliénor meurt en 1204 et son fils, Jean, en 1216.

Jean joue aux échecs en solitaire. Il boit du vin.

Aliénor a des livres, des manuscrits, des partitions de musique. Tantôt elle lit; parfois elle rêve; d'autres fois elle chante.

Note: Les poèmes entre guillemets sont des extraits de chansons de Bernard de Ventadour (troubadour), Azalaïs de Porcairagues (trobairitz), ou de chansons de toile d'un poète inconnu.

Première partie

ALIÉNOR
«Le temps s'en va, revient, vire.
Les jours fuient, les mois, les ans…»

Elle fredonne.

«Elle a gardé son beau rire…»
et son visage… comme le temps est long!
«À moi douleur et dommage!
Au jeu où j'ai pris ma place…»

Elle fredonne.

«Le temps s'en va, revient, vire:
Les jours fuient, les mois, les ans…»

J'ai tant vécu, qui me dira combien?
Combien de jours, et d'heures, et d'ans?
J'ai tant vécu et jamais la mort prochaine.
Qui me dira combien de temps?

Parfois les souvenirs me viennent. Ils s'écoulent de mon oreille et résonnent à mon lever. J'ai la tête qui murmure et chante. Un homme à mes pieds se lamente, mais sur son visage, le nom se perd. Je ne sais plus qui, ni quand. Il y a ses yeux qui patiemment me quémandent de l'aimer, le garder, le protéger. L'homme est fragile. Je

tends la main et caresse ses cheveux. Une chanson s'égoutte de mes doigts. Comment c'était?...

Elle murmure un air vague.

«Dieu, comme la joie est lente à venir
Pour celui qu'excite son attente!»

Elle fredonne, pose le livre sur ses genoux et ferme les yeux. On croit qu'elle dort. Soudain elle sursaute.

ALIÉNOR

Pourquoi il me demande? Pourquoi il me laisse pas en paix. Je suis bien assez vieille! J'ai tant fait et plus encore. Pourquoi il est toujours là, les bras tendus, le bec ouvert qui crie, qui appelle, qui exige, qui supplie? Pourquoi il me laisse pas là, comme une morte, figée entre deux pages de manuscrit? Pourquoi il me demande ça, ça, de l'aimer? Je peux pas. Je peux pas l'aimer. C'est trop tard. Je suis trop vieille. Mon ventre a séché. Trop tard. Trop vieille. Je n'ai plus la force. Ni le goût. Ni la chaleur. Il me reste que le souffle et quelques fantômes... Je n'ai plus rien à donner. Pourquoi il me demande? Je peux pas l'aimer. Ça peut arriver. C'est des choses qui peuvent arriver. On est pas tenu, obligé d'aimer. Même son fils. Même ses propres enfants. J'ai eu trop d'enfants. Pourquoi il veut pas me laisser? Je n'ai plus rien à donner. Je ne peux pas t'aimer.

Plus tard.

ALIÉNOR

Au Pays, dans mon Pays, on raconte que les femmes chantent des histoires en tissant la toile, en assemblant le vêtement. En fait, les femmes travaillent dur. Elles frot-tent et lavent. Elles s'usent très vite et donnent des enfants. Ou bien elles s'ennuient. C'est quand elles s'ennuient qu'elles chantent et se content des histoires.

Dans ces histoires de femmes, il y a toujours des hommes, des hommes qu'on attend, qui sont partis, ou qui sont pas encore venus. Les femmes se lamentent sur les hommes qu'elles ont pas. Ces hommes sont préférables aux maris qu'on a. On a vite fait le tour du mari. Un mari ne peut pas emplir la tête d'une femme. Les rêves sont immenses. Les hommes, s'ils voyaient l'étendue de nos rêves de femmes, s'enfuiraient en poussant des cris d'horreur. Les hommes sont si petits. C'est peut-être ce qui nous attendrit. Le regard d'enfant que gardent certains hommes quand ils ne comprennent plus, perdus entre nos bras trop vastes pour eux. Alors les femmes s'inventent dans leurs rêves des hommes qui ne viendront pas.

JEAN

On ne comprend pas tout de suite. Ça prend le temps. C'est à peu près la seule chose que j'aie retenue: le temps. Presque toute ma vie d'enfant et puis d'homme, j'ai vu ma mère. Je ne voyais que ma mère. C'était une mère. Ma mère. Et puis, très tard, elle est morte. Elle a plus été là. Je ne voyais plus ma mère. Elle était partie comme on dit. Souvent elle était partie avant. Mais je m'inquiétais pas. Je ne me demandais pas quand elle rentrerait, où elle était? Toujours elle revenait. Je la voyais. Ça suffisait. Et puis elle est morte. Effacée de ma vue. Elle a cessé d'exister. Le temps a passé. Y a eu des guerres. J'ai fait ça, des guerres. Ça me paraît un peu fou, plutôt abstrait maintenant. Enfin... Beaucoup de temps a passé. Un jour, j'ai vu son image dans un album. J'ai vu cette femme. Elle s'appelait «ma mère». Un drôle de nom, ma mère. Les autres disaient «Aliénor». Chez nous, dans la famille, un tas de filles s'appellent «Aliénor». Aucune porte le nom de «ma mère». J'ai vu son visage. Elle était jeune. Je croyais que toujours elle avait été vieille, avec ses vieilles mains décharnées, et son visage, et le cou, pleins de plis, son corps tout sec. Là, elle était jeune. Et je voyais bien que c'était la même, la même femme, tout à coup une femme. Ma mère était belle. Mon Dieu! C'était la plus belle femme du royaume, du Pays, peut-être du monde, je sais pas. J'ai pas beaucoup voyagé. Pas le temps. Je suis allé à l'abbaye, là où elle est couchée dans sa terre. On a fait une statue, un gisant comme pour les autres de la famille. C'était la même femme, jeune, belle dans la pierre. Il a fallu tout ce temps qui éloigne pour que je voie qui était ma mère: une femme belle. Pas une mère. Oui... un peu. Je peux pas ne pas voir ma mère. Mais en plus, si je ferme les yeux quand je reviens de Fontevrault où elle est enterrée, là, je vois une femme. J'avais une mère qui était une femme aussi. Combien il y a de choses que je n'ai pas vues et que je ne suis pas arrivé à comprendre!? Et le temps qui fuit. Il ne me reste que si peu de temps.

Plus tard.

JEAN

Chez nous, tous les hommes vont à cheval. Chez nous, il faut aller à cheval. Pour avancer, voyager, il faut le cheval. Et pas que pour voyager. Pour se battre aussi. Se battre pour jouer ou pour de vrai, pour mourir. Tous les hommes vont à cheval. Et puis à cheval, les autres, les

gens, le peuple, enfin tous ceux-là qui attendent tellement des rois et des princes, comme ça, sur le cheval, ils
peuvent mieux nous voir. Ça nous rehausse, le cheval.

Du côté de chez mon père, Henri, Henri le deuxième, il
y a un oncle qui a un comté et qui chaque année, le 22
du mois de mars, fait mille lieues, mille lieues pour
recevoir l'hommage d'un homme pourtant bien plus
riche que lui, un marchand de vin à Bordeaux. Il va chez
eux et, comme l'a fait son ancêtre qu'on sait plus
comment qu'il s'appelait, il demande des nouvelles,
soupèse le dernier-né, embrasse la filleule et demande à
l'homme, le marchand, de se plier en deux. L'autre se
plie en deux dans ses habits du dimanche et mon oncle,
le comte, lui monte sur le dos comme sur un marchepied et de là, hop sur le cheval. C'est le service qui est
dû, une dette pas effaçable. L'oncle, il dit que c'est
comme ça qu'on prend ses distances. Il faut garder les
gens à distance.

Moi, le cheval, ça me faisait peur tout petit. Trop gros, le
cheval. C'était pas très chic pour un fils de prince. La
peur. Enfin... Avec le temps, j'ai appris à me servir de
ma peur. Plutôt que de la contrôler, ou de la cacher (ce
qui est pas possible), je la répands. Tout le monde a peur
autour. Ça fait que j'ai moins peur.

Le cheval, y a bien fallu que je m'y fasse. Ma mère m'a
pris dans ses bras et elle a dit: «Tu n'as qu'à te laisser
aller. Tu sautes avec le cheval. Pas contre lui, avec lui.»
Ma mère a passé sa vie à cheval. «Quand t'étais dans mon
ventre, qu'elle me dit, je t'amenais à cheval. Viens dans
mes bras.» Moi, j'étais vraiment petit. Je me suis caché
dans son grand manteau. Je voyais pas comment haut
j'étais sur le cheval, et elle m'a entraîné.

Un peu plus tard.

JEAN

Maintenant, il y a que je meurs. Ça me fait encore peur. Pas habitué. Difficile de se faire à l'idée. Il y a personne pour m'aider, pour m'apprendre à mourir. Je sais pas comment on fait. C'est comme un cheval trop grand pour moi. Jamais j'arriverai à le monter. Et puis si j'y arrivais, si j'avais un dos, un dos d'homme comme marchepied, si j'arrivais à poser mon cul sur la selle, comment je ferais pour avancer, pour le tenir en main, les guides en mains? Moi, je sais bien que c'est un cheval sans guides. C'est le genre à prendre le mors aux dents et à cavaler tout seul. Je pourrai jamais aller là-dessus.

Deuxième partie

ALIÉNOR

J'ai eu des fils! Bon Dieu que j'en ai eus! Combien encore?... Je sais plus. Je sais plus compter. J'ai oublié. Pourtant j'ai déjà su. Très jeune on m'a appris. Mais c'est si loin quand j'étais jeune. Mon grand-père Guillaume, c'était un homme qui chantait. Il avait cet instrument, comment c'est encore le nom?... Il chantait et autour toutes les femmes rougissaient. Il en profitait quand mon père était pas là. Mon père détestait son père. Lui aussi s'appelait Guillaume. C'est toujours pareil, des histoires pareilles avec les fils qui en veulent à mort à leur vieux. Pareil pour mes fils. Le pauvre homme. Je veux dire mon grand-père le Duc, le poète, le troubadour. C'était toujours des histoires épicées dans ses chansons. Moi, je comprenais pas, j'étais trop p'tite fille à l'époque. Plus tard, j'ai lu les chansons et d'autres hommes les chantaient à la maison. Des toutes neuves et des anciennes qui venaient des Pays du Nord et du Sud. La musique!...

On devrait pas avoir de fils. À quoi ça sert des fils? Ils m'ont déçue. Ils sont tous morts et puis à quoi ça a servi de les mettre au monde? Ça se tapait dessus. Toujours la jalousie, l'envie, l'ambition. Et ça venait me mourir dans les bras. Je hais mes fils. Oui, maintenant je peux le dire: je hais mes fils. Pourtant je les ai tellement aimés! À quoi ça a servi?...

Mes filles étaient belles. Marie, Jeanne, Mathilde, Aliénor comme moi. Elles ont vécu très longtemps, comme moi, presque aussi vieilles que moi. Pourquoi je suis si vieille? Pourquoi je suis pas morte déjà? Je sais pas pourquoi. Je suis la plus vieille. C'est comme si la mort voulait pas de moi. Je sais toujours pas comment mourir.

ALIÉNOR

Il y avait Richard. C'était mon fils. Il avait les cheveux couleur de miel qui me rappelaient la vague le soir, sur les côtes de la Normandie, couleur de soleil d'été, de fin d'été, la fin du jour. J'aimais ses yeux, des yeux si doux. Des yeux d'homme qui me regardent avec tellement de tendresse. C'était mon fils, Richard Cœur de Lion. J'ai appris de lui la tendresse. J'ai voulu le sauver. Combien de fois j'ai tenté de le rescaper! Toujours il s'enlisait, toujours à vouloir faire l'homme, à faire la bête ignoble. À la fin, j'étais trop vieille. Je pouvais plus le sauver, le protéger contre lui-même. Il courait après la mort. Tous ils courent après la mort. Il s'avançait dans le champ, la poitrine, le cœur offert. Il chantait. J'aurais jamais dû lui apprendre à chanter. Dans sa chanson, il appelait la mort:
«Dieu, comme la joie est lente à venir
Pour celui qu'excite son attente.»
Et la mort lui est venue. Il est tombé, une flèche au cœur, le cœur tranché. Il a mis sa tête dans mes bras, sa tête et ses vagues de cheveux ont roulé sur mon ventre. Et encore les larmes me sont venues. C'était mon fils, ma tendresse, mon enfant. Et je ne suis pas morte avec lui. Pourquoi? Pourquoi il m'a pas emportée avec lui? J'étais si vieille pourtant. Une petite poussée. Un souffle et je me serais glissée dans ses draps. La mort m'a rejetée. Elle voulait pas de moi.

JEAN

Mon père, c'était un porc. Un gigantesque porc. Immense, énorme, mettez-en. Comme seul on en trouve dans le Yorkshire. J'ai détesté mon père et, avec lui, tous les hommes. Mon père m'aimait. Voyez-vous ça! Il me gardait près de lui. J'étais le dernier, le plus jeune. Tous les autres avaient foutu l'camp avec la mère en Aquitaine. Moi, il m'avait enfermé chez lui, ici, sur la grande île trouée de courants d'air. C'est mon porc de père qui m'a tout montré. La haine. Une haine à son image: énorme et dégoûtante. Déjà il paraissait vieux. À quarante ans, c'était un homme fini. Ça l'a pas empêché de traîner encore des années. Même qu'il se servait de sa charogne pour faire pitié, amadouer les femmes. Il savait y faire avec les femmes. Un jour, il a pris Adélaïde la Française qui avait pas quinze ans et qui devait épouser Richard, mon frère. Il lui a tout raconté: comment on était, ses fils, qu'on voulait le tuer, qu'on en avait à son or et ses domaines, qu'on l'avait déchiré à coups de becs, des rapaces, des faucons assoiffés de haine et de sang. Il lui montre ses blessures, là, et là, et encore là. Elle, elle pleure, elle sait pas quoi faire. Elle plie, elle se laisse séduire par la douleur de l'autre. Et il la viole. Sa propre fille. Enfin, pas tout à fait. Adélaïde qui s'est fait salir par le vieux porc. Elle a jamais épousé le Richard. Quel salaud! Je le hais.

Plus tard.

JEAN

Toute une famille de dégénérés. Des fous. Des violents. Un jour, j'ai vu mon père qui se traînait à l'église. Il avait bu. Ou c'était son délire habituel qui faisait que

jamais il restait en place. Les médecins, les savants
disaient que c'était une maladie du sexe, une maladie
attrapée avec des femmes qui se vendent, des femmes
prises en Orient et qui donnent la maladie qui tue et
brûle à p'tit feu. Un venin qui vous transforme le sexe
en un énorme champignon pustuleux. D'autres disent
que non. Que c'est de la folie héréditaire, qui s'attrape,
se transmet dans la famille. Vous voyez le genre!... Ce
jour-là, il se traînait quasi tout nu sur la dalle froide de
l'abbaye. Il chialait, pleurait, suppliait qu'on lui enlève
le crime, celui qu'il avait commis quand il avait tué de
ses propres mains son ami d'enfance, Thomas Becket,
l'archevêque qui est devenu un saint, une fabrique à
miracles. Les moines, ils ont pris le fouet et ils l'ont
rossé. Il était tout sanglant et les murs dégouttaient de
ses hurlements. J'ai tout vu. J'y étais. Sale race! Tas de
fumier. Tous des porcs.

J'ai eu un frère aussi. Pas qu'un bien sûr, mais un spécial.
Il était beau, lui, et grand, et brave. Un Lion, le Richard.
Des cheveux longs, une barbe rousse qu'il frisait. Ma
mère l'aimait. Le salaud! Lui, c'était les p'tits gars. Un
dégénéré. Il savait bien que c'était interdit. Pire que le
meurtre. Pire que la peste bubonique. Sodome! Il aimait
les p'tits gars. Il pouvait pas s'empêcher. Lui aussi est allé
en pèlerinage. Il s'est sacrifié, a expié. Lui aussi a supplié,
s'est fait fouetter. Il voulait qu'on lui coupe les choses.
Ma mère n'a pas voulu. Mon père à l'époque était déjà
mort. Moi, ça me faisait rire. Toute cette merde qui
m'entoure. C'est pas moi qui vais demander le fouet. Je
hais le prêtre. Je déteste Dieu. Je suis le dernier de la race
et je serai digne de la mort. Pourriture! Tout est pourriture.

ALIÉNOR

Combien il y en a qui sont morts à côté? Je sais pas. Je sais plus compter. J'avais 77 ans et Richard était mort. Avant on avait marié sa sœur, Jeanne, à un cousin normand qui vivait en Sicile. Pas longtemps après, il est mort. Jeanne en a profité pour accompagner sa nouvelle belle-sœur au pèlerinage en Terre Sainte. C'est elle qui surveillait son frère Richard qui m'avait juré de faire un enfant à Bérangère pendant le voyage en Orient. Ça n'a pas marché. Richard n'éprouvait pas de passion pour les femmes. Au retour, on a remarié Jeanne, ma fille, à un type de Toulouse qui était veuf pour la quatrième fois. Ça arrangeait nos affaires mais c'était un violent. Il lui a fait tout de suite un enfant. Il la battait. C'était une ordure. On aurait dû l'abattre. Aussitôt après l'accouchement, il l'a encore violée. Jeanne était grosse et nous, on pouvait rien faire. Elle lui appartenait. Il aurait pas fallu la remarier. Un jour, elle s'est sauvée. Elle était blessée de partout, très faible. À Fontevrault-l'Abbaye, on l'a étendue. On l'a soignée. C'était trop tard. Jeanne est morte dans mes bras. On lui a ouvert le ventre pour délivrer le bébé. Lui aussi, il est mort quelques jours plus tard. C'était l'année 1199. J'avais 77 ans. Presque tous mes enfants étaient morts. Et moi, je vivais encore. Va donc comprendre pourquoi. Y a pas de raison. Y a que la souffrance et la douleur.

JEAN

Un jour, j'ai tué un enfant. Avec mes mains. Je l'ai étranglé. On était dans une barque, au milieu de la rivière. Et je l'ai tué. Bien sûr, j'avais tué des hommes avant. Mais c'était au combat, selon les règles, avec autant de chance pour moi d'y crever. Là, avec le garçon,

c'était différent. J'ai commis un crime. Un crime affreux.
Le pire de tous. Le pire pour moi, dans ma vie à moi.
Après coup, j'ai compris ce que je cherchais par là. Je
voulais être comme l'autre, je veux dire comme le porc,
comme mon père. Je voulais être sale. Je voulais
commettre un grand crime pour être un grand pécheur.
Et moi aussi, expier, dans l'éclat et la somptuosité,
l'ignominie de ma perversité. Eh bien non! Y a rien eu.
J'ai rien senti. J'ai eu ni regrets, ni remords. Ça m'a rien
fait. C'était un geste pour rien. Un crime pour rien. Pour
en faire un drame, il aurait fallu la foi. Je crois en rien.
C'est inutile. J'ai tout raté. Quand je regarde ça, je veux
dire ma vie, je ne vois que des échecs. J'ai raté ma vie,
tout perdu, tout gaspillé. Je ne peux même pas me vanter
d'en avoir profité. Tout est désordre et ruine. Je hais le
monde.

Troisième partie

ALIÉNOR

Des hommes aussi j'en ai eus. Beaucoup. Ils venaient de partout. Mon corps est une géographie. J'aimais les hommes. Un jour, j'ai voulu noter leurs noms. Je dois avoir la liste quelque part... Mais je trouverai pas. Je perds tout. Tout me fuit. Ça me glisse entre les doigts. J'avais écrit les noms à la suite. Ça ressemblait à une chanson. Ça racontait ma vie. C'était comme des bornes et, avec la liste, je pouvais me promener dans toutes les directions. Je refaisais le chemin de ma vie, tantôt à l'envers, tantôt d'est en ouest, tantôt de ma bouche à mes cuisses. J'aimais quand ils venaient en moi. C'était une autre façon de voyager. J'ai toujours su calmer la bête que je montais et la faire trotter à mon gré. Je suis vieille, presque morte, et pourtant, voilà que mon cœur s'emballe devant les images du souvenir. Et même si mon corps est tout raide et froid, qu'il craque et se crevasse, ma peau quasi de terre et de cendre, il y a dans mes veines et dans mon cœur, au creux de mon ventre, là, entre mes cuisses où c'est resté si doux et blanc, là encore, ça coule doucement, ça bat, ça respire, ça chuchote le plaisir.

Plus tard.

ALIÉNOR

Pourquoi je devrais parler de mes maris? Pourquoi? C'était des insignifiants. Bon, bien sûr! Au début je les aimais. J'aime les hommes. Surtout quand ils sont tout neufs. Mais le mari… Je sais plus très bien… dix ans avec Louis le Français, mon premier? Vingt?… C'était bien long! Ce qu'il m'a donné de plus beau, c'est quand il m'a laissée partir. Bon, ça faisait son affaire aussi, mais disons qu'il a été courtois. On a fait ça en gens civilisés. Surtout qu'à l'époque, les divorces étaient rares. Je l'ai bien travaillé deux ans pour lui faire comprendre et tout et tout. J'ai moi-même payé pour les papiers. J'avais mes raisons. J'étais pressée. À la fin, je l'aurais étripé. C'est ça, les maris. Pourquoi faudrait en parler?

Bon. En même temps ça a été important. Surtout l'autre, Henri Plantagenêt. Lui ça a duré plus longtemps. Le feu je veux dire. La passion. C'était un cheval fou. Il m'a donné l'aventure et le pouvoir. C'était de mon âge. J'ai longtemps cru au pouvoir, le grand, l'absolu, celui qui découle de la force, le pouvoir qui enivre. J'étais comme un homme. Pas les combats bien sûr, mais la possession. J'étais une Reine! La femme la plus puissante de tout l'Occident… Mon Dieu! J'ai cru ça. Je suis pas devenue une Sainte. Faut pas s'imaginer que ça me fait plus rien. Ça m'excite encore. C'est une sorte de plaisir qui revient avec le souvenir. Je vois bien que je pourrai pas mourir tant que le souvenir va m'habiter. Faudrait mourir en dormant. Mais je trouve ça un peu dommage. Mourir, c'est mon dernier geste, le dernier acte. J'aimerais ça le vivre pour de vrai.

Plus tard.

ALIÉNOR

«Bonne dame si joyeuse,
Votre amant se meurt;
Je crains que mon cœur ne fonde
Si mon mal ne cesse…
Dame, je joins les mains,
Je prie, je vous adore.
Beau corps aux fraîches couleurs,
Bien cruel vous m'êtes!»

Encore un peu plus tard.

ALIÉNOR

Y a eu une drôle de période aussi. Celle du languisse-
ment. C'était une autre façon d'exercer le pouvoir, le
pouvoir d'une femme sur les hommes. C'était comme un
jeu. Il fallait pousser le désir jusqu'au mal, jusqu'à ce que
ça fasse mal dans le bas du ventre et que les veines pleines
veuillent vous éclater pour délivrer l'appétit qu'on a
gardé emprisonné. J'ai eu des hommes qui aimaient
ramper, qui entraient en transe en m'enlevant une chaus-
sure. Ils promettaient de ne pas toucher. Toujours ils
devaient obéir: fidélité absolue. Y avait des grades, des
épreuves à passer. C'étaient des jeux. Des jeux quand on
s'ennuie. Des jeux quand on croit que toute la vie vous
est donnée et que jamais le corps ne pliera sous la fatigue.
Des jeux où la jouissance venait de l'attente et du non-
accomplissement. Un détournement. Comme si le fleuve
se ravalait. Le plaisir de retenir l'eau, tendre la digue
jusqu'à l'éclatement interdit. Des jeux de jeunes filles.
Des secrets de femmes qu'on partage avec quelques
amants qui n'en reviennent pas. Tout ce qu'on appelle
l'amour, le vrai, le grand, le seul. Celui qui fait souffrir,
qui fait mal, qui déçoit et qu'on perd, qu'on attend, dont

on rêve et qui nous aide à passer les moments creux de la journée. Quelle drôle d'époque!

Un moment plus tard.

ALIÉNOR

«Ah! bon amour convoité,
Corps bien fait, délié et lisse,
Frais visage coloré!
Vous que Dieu fit de ses mains,
Je vous ai tant désirée
Qu'aucune autre ne me plaît.
Je ne veux point d'autre amour!»

Je vous ai tant désirée... Corps bien fait... délié... lisse...

Maintenant je sens la fatigue qui m'habite. Je n'ai plus d'âge. À tout mêler, et récits, et souvenances, et chansons de temps passés, et blessures qu'on aimerait oublier, le songe brouille mes yeux. Je suis hors du temps.

«Le temps s'en va, revient, vire:
Les jours s'enfuient, les mois, les ans...
Moi, las, je ne sais que dire:
J'ai toujours même désir...»

JEAN

Un autre jour, je prends Hubert par la main. Hubert est un ami, un fidèle. Hubert m'a suivi partout. Il a tout noté, tout écrit. Je peux tout lui dire. Je dis: «Hubert... Hubert, je sais comme tu m'aimes. Je sais comme tu m'es attaché. Je sais, Hubert. Moi aussi, je t'aime.» Et je le serre contre moi. Je crois qu'on avait pas mal bu. Du vin de Bordeaux qu'on avait trouvé dans les caves de Cantorbéry et que mon père avait donné à son ami Thomas Becket, pour se réconcilier avant de l'assassiner. «Hubert, que je dis, tu sais comme j'ai mal de vivre. Y a que le vin, de plus en plus de vin qui me rende gai. Hubert, je suis triste. Je sais que t'aimes pas me voir triste. Hubert, serre-moi fort. J'ai froid… Hubert, il y a une ombre qui me glace. Il y a un homme attaché à ma peau qui m'empêche de vivre. Hubert, regarde-moi. Non, Hubert. Ne pleure pas. Regarde-moi. Hubert, que je dis, il y a un homme comme une ombre qui me tue. Regarde-moi, Hubert. Cesse de t'éloigner. J'ai besoin de toi. Il y a un homme qui me glace, attaché à moi, à ma peau, à ma vie. Hubert, tu m'aimes. Je le sais, Hubert. Hubert. Hubert, tue-le, je te dis. Tue-le. Tue cet homme. Hubert, regarde-moi. Si tu m'aimes, tue cet homme. Je ne peux plus vivre. Tue cet homme qui me glace. Je suis si triste, si seul. Laisse-moi, Hubert. Apporte du vin.»

Plus tard.

JEAN

Tous les hommes, quand ils meurent, font l'acte de contrition. Faut les voir! Et ça chiale. Et ça regrette. Et ça se confesse, ça embrasse la croix. Ça se déshabille, se dépouille à la recherche de l'homme en dessous du costume. Ça implore le pardon du pire ennemi, du traître même, du bourreau, et ça lui pleure dessus! De la merde! Mon père, quand il est mort, il a fait pareil. Pire encore. Il puait de partout. Les plaies se rouvraient, ça grouillait de vers. Il s'est fait laver par les femmes et il a demandé les cendres. On l'a descendu dans la chapelle royale et là, on a fait une grande croix de cendre au milieu de la nef. Il n'avait plus que le drap blanc qui l'enveloppait. On l'a déposé sur la croix et il est resté tout seul, les bras étendus. Et puis il est mort, doucement. Un saint.

Pareil pour mes frères: Henri le Jeune, Richard le Lion, encore pire. Lui, il a légué son cœur en reliquaire à la cathédrale. Tous des débauchés, des voleurs qui avaient pas raté l'occasion de jouissance. Et voilà qu'avant de crever, ils font le grand numéro. Ils veulent leur place là-haut. Ils s'achètent la meilleure place, chauffage central compris. Pratique! Très pratique le pardon, la contrition. On appelle ça savoir mourir, savoir tourner la page proprement pour ne pas laisser que les cauchemars de souvenirs. Faudra bien que quelqu'un paye pour toute cette sale race de menteurs. Et moi qui suis le dernier de la famille. Misère!

Toujours plus tard.

JEAN

Hubert, il a pas très bien compris. Ces gars-là, c'est des serviles. Pas d'imagination. Pas une once d'humour. Il a tout pris au sérieux. Hubert, c'est le genre consciencieux, qui prend les choses à la lettre. Le genre casse-pieds. Il m'a demandé de lui pardonner, surtout que lui aussi il en prenait du vin. Que depuis le début, enfin depuis cette nuit folle où je me suis égaré dans trop de confidences, un soir comme ça où j'étais déprimé, depuis ce temps, il met quelques gouttes d'arsenic dans nos gobelets. Pas beau-coup. Pas assez pour nuire au nectar du Haut-Brion de chez Thomas Becket. Juste assez pour ruiner une santé, faire pousser tranquillement des plaies dans les tripes comme des dents de coquerelles. Il a dit le Hubert que lui aussi, il en prenait, par solidarité et pour me débar-rasser comme j'avais demandé. Une preuve d'amitié. Le crétin! Ça m'a pas consolé. Ça fait rien. J'ai pas dit d'arrêter. De toute façon, c'est trop tard. Alors mainte-nant, je meurs. Je suis rendu là dans ma vie.

Quatrième partie

JEAN

Nous voilà à l'heure du bilan. La fin approche. La fin, la mort, celle qui m'attend sur mon lit de mort, celle où je dois prononcer, balbutier les dernières paroles. Ils m'attendent. Les autres m'attendent. Ils ont traîné mon fils (j'ai un fils), au chevet du mourant. Henri, on l'a appelé. Henri. En mémoire de l'autre, le porc, le vieux, le père. Moi, j'ai donné à mon fils le nom de mon père. Faut pas que la tradition se perde!...

Mon père, je te hais. Tu m'as laissé la saleté, la pourriture, la haine. Si tu pouvais crever une autre fois avec toute cette charogne qui t'empuantait, ça me ferait du bien. Je pourrais endurer un peu plus le mal qui me gruge les tripes. Crève donc encore une fois!

Mon frère, toi le préféré, le beau, le Richard au grand cœur, tu m'as laissé tes dettes à payer. Et pire! Tu m'as appris la jalousie qui m'a tant fait déprimer. Tu m'as pris ma mère qui te couvait, te protégeait, te caressait. À toi, elle a tout donné. Même qu'elle te trouvait des femmes pour te remettre dans le droit chemin de la progéniture. Toi qui n'aimais que les beaux garçons. Tu m'as laissé le dédain en héritage, à moi qui n'avais rien parce que je suis venu trop tard au monde. Sans Terre, on disait. À peine si notre père a su retrouver dans ses vieux coffres les terres sauvages et stériles d'une île du Nord, un navire perdu dans les brumes d'une mer à jamais déchaînée. L'Irlande, un tas de roches et de lichens. Voilà ma terre: un tas de pierres.

Et toi, ma mère...

ALIÉNOR

Laisse-moi. Laisse-moi en paix. Laisse-moi la mort, ma compagne, ma nourrice. Je suis si vieille. Tu ne vois pas? Déjà à ta naissance j'étais trop vieille. C'est ton père qui m'a prise. Un dernier égarement. Et même là, même si je savais que dans ses bras, il pensait à cette autre femme, sa maîtresse, la Rose du Monde, même là et malgré tout, je l'aimais. Je recevais l'hommage de mon Roi. Je l'aimais.

JEAN

Ma mère, réglons nos comptes. Toi aussi, je te hais. Ça doit pas te surprendre? Tu n'étais jamais là pour moi, pour moi seul. Il a fallu que toutes ces faces de carême crèvent pour qu'enfin tu t'occupes de moi. Mais voilà, c'était trop tard. J'étais déjà un homme et toi, toi... Tu ne m'as jamais compris. Tu parlais une autre langue. Et moi, je ne te comprenais pas. Tu te languissais dans ta mémoire. Tu te perdais dans des conversations muettes avec tes morts, ton passé, ta terre. Et moi, je restais seul avec ma haine comme un gerfaut accroché à mon poing.

ALIÉNOR

C'est vrai, je ne t'aimais pas. Laisse-moi. Qu'est-ce que tu me veux? Je n'ai rien à donner. Il a bien fallu composer avec toi. T'étais le dernier. Après toi, c'était les étrangers. Parce qu'en dehors de soi, il y a, c'est sûr, les autres, la famille, le rang qu'on occupe, le rôle à assumer. Il a bien fallu te laisser la place en dernier lieu. Et, mon Dieu, la plaie! Toute la merde que tu nous a donnée! Toute la douleur qui est venue par toi. Je ne t'aime pas. Tu es venu au monde le dos tourné. Tu es fourbe, de la race des menteurs et des lâches. Je ne t'aime pas.

JEAN

Ma mère, ma mère, ne t'en va pas. Toujours quand je t'ai appelée, quand je t'ai suppliée parce que j'avais peur, tu es venue. Je savais te toucher. Parfois même tu me prenais dans tes bras. Ma mère, ma mère, regarde-moi. C'est ton fils Jean et encore aujourd'hui, il a peur. Ma mère, ma mère, regarde-moi.

ALIÉNOR

Non, je ne peux pas. Laisse-moi. Je suis si fatiguée. Je suis si vieille. J'ai aujourd'hui quatre-vingt-deux ans. Je crois la plus vieille femme du royaume. À quatre-vingt-deux ans, on n'a plus de sentiments. On n'est plus ni homme ni femme. On n'est qu'un tas de poussière étonné, ahuri de tenir encore, d'avoir la force d'ouvrir une paupière et puis l'autre. Tout s'en va en loques, comme des fils d'araignée déchirés par le vent, le courant d'air qui passait quand on jouait, petites, au grenier…

JEAN

Regarde-moi. J'ai besoin de toi. Reste avec moi encore un peu. Ma mère, j'ai peur. J'ai peur de mourir. Toute ma haine et mon dédain ne me sont de rien. À quoi peuvent servir haine et dédain devant la peur? Ma mère, j'ai tout perdu. Il ne me reste rien. Tout gagné, tout perdu. Tant désirer, tant gaspiller! Ma mère, me voilà les mains vides. J'ai la moitié de ton âge et mes mains sont pleines de poussière et de vent. J'ai tout perdu. Il ne me reste rien.

Même la haine ne m'habite plus. Il n'y a plus rien. Rien que la peur, la dernière bête qui me creuse le ventre. Maman, j'ai peur de mourir. Maman, dis-moi, aide-moi, prends-moi dans tes bras moi aussi, comme tu as fait pour Richard et Jeanne et tous les autres. Aide-moi, maman. Dis-moi comment on fait pour...

ALIÉNOR

Non! Non, jamais! Jamais je te laisserai faire. Trop facile, trop simple. Si tu crois t'en sauver comme ça. Si tu crois me mettre ça sur le dos. Tu m'auras pas au sentiment. Je t'ai mis au monde, je t'ai appris à marcher. Fais le reste du chemin tout seul. La mort, ce n'est pas moi qui l'ai inventée. Ce n'est pas moi qui vais te faire traverser le fleuve. Je vais très bien à cheval, mais pour la nage, c'est zéro. J'en sais pas plus que toi.

Et puis, j'en ai assez de tous ces hommes qui viennent me jeter leur haleine de mort dans les bras. Comme si j'étais un gisant paré pour tout un chacun. Restez chez vous! Crevez tout seuls! Est-ce qu'y en a un qui va m'aider moi? Est-ce qu'y a quelqu'un qui, à moi, va me dire comment on fait, qu'est-ce qui se passe, comment y faut faire? Moi aussi, ça me fait peur. Moi aussi, je me débats et je supplie pour pas que ça crève aujourd'hui, mais demain, et puis demain, et encore demain.

Cinquième partie

JEAN

Dieu n'existe pas. Le ciel, quelle blague! Et le Diable, et l'enfer... Tiens, le Diable, c'est ce foutu Hubert avec sa potion. Il m'a mis le feu au ventre avec ses appétits, sa digestion et toute sa merde. Il est vraiment idiot le Hubert. Le Diable en personne, lui qui m'a cru quand je le suppliais de me débarrasser de moi, de ma pauvre carcasse. Ou peut-être qu'il m'a trop bien compris, qu'il m'a vraiment délivré? Je sais plus. Ça fait rien.

Bon... Faut y aller. Faut rentrer. On m'attend pour le final. Mon Dieu que ça me déprime! Oui oui, je sais. Je sais bien ce qui va se passer. C'était à prévoir. On peut pas récrire l'histoire. C'est toujours pareil. Je sais bien, misère, que le feu va me gagner. Que plus ça va brûler, plus je vais me plaindre et râler. Le mal, la douleur, c'est ça qu'y a de pire. Quand ça fait mal, que ça fait vraiment mal, on cesse d'être brave. Y a pas de héros. Tous, on fait dans nos culottes. Et là, à la fin, ma belle haine, ma morgue, mon profil de roi, tout ça va s'effondrer. Et moi aussi, je baiserai la croix. Dans le corridor, y a mon ami Pandolphe, l'Italien, le Nonce apostolique qui se tient prêt avec ses onctions. À moi aussi on va verser la cendre en forme de croix, et je vais bien me foutre que le plancher soit froid, parce que là, je saurai que c'est vraiment fini.

ALIÉNOR

«Nous voici venus au temps froid
De gel, de neige et de fange.
Et les oiseaux restent muets.
Aucun à chanter ne se hâte.
Les rameaux sont secs dans les bois
Et ni les fleurs, ni les feuilles n'y naissent.
Le rossignol n'y chante pas
Qui chaque an, en mai, nous réveille.»

Quel est ce bruit comme un galop qui s'approche? Qu'est-ce qui martelle ainsi le sol sous mes pieds? C'est mon cœur qui se détraque?... Non. C'est la mort qui s'approche. Là-bas, au bout du champ, il y a une petite fille qui court vers moi. Ce sont ses pas qui résonnent jusqu'à moi et qui s'enfoncent dans l'herbe haute et la terre molle. Près d'elle, une jeune fille se dépêche, empoigne ses jupes et déchire ses voiles de mariée.

Et derrière, une femme, et deux, et dix, qui veulent rattraper les premières, avec leur gros ventre rond qu'elles retiennent de tomber.

Et puis encore d'autres femmes, toutes pareilles, en robes de bal, en tenues de voyage, en vêtements de tous les jours, et qui courent, qui courent.

Où allez-vous? Pourquoi cette hâte? Elles courent, la petite en avant, qui montre le chemin, le doigt pointé, le doigt vers moi, sur moi. Pourquoi moi?

Elles sont là, presque là, les voilà et déjà elles m'ont dépassée.

FIN

Montréal, le 5 janvier 1990.

LE TEMPS EST AU NOIR

LE TEMPS EST AU NOIR
a été présentée à l'Espace libre,
du 9 au 28 septembre 1986, à Montréal,
dans une mise en scène de Jean Asselin
et une production d'Omnibus,
avec les interprètes suivants:

Francine Alepin, Silvy Grenier, Jacques Le Blanc,
Rodrigue Proteau (puis Harle Thomas),
et les lecteurs Jean Asselin*, Denise Boulanger*
et Robert Claing.

Dominique Lemay assurait la direction de production,
la régie et les éclairages,
et des photos de Gilbert Denobilé.

* Lors de représentations supplémentaires dans le cadre
  du Festival de Mime de Montréal, Denis Mercier et
  Louison Danis étaient les lecteurs.

Le temps est au noir avait auparavant fait l'objet d'ateliers
de dramaturgie produits par le Nouveau Théâtre expéri-
mental en 1986. Outre l'atelier de Jean Asselin, Jean-
Pierre Ronfard a dirigé: Robert Claing, Louison Danis,
Danielle Fichaud, Robert Gravel et Paul Savoie. Enfin,
Marie Laberge a mis en scène le même texte avec les
interprètes suivants: Roger Léger, Denis Mercier, Chris-
tiane Proulx et Lise Roy, avec une musique de Jean
Sauvageau.

SCÈNE 1

Deux femmes.

FEMME UN

Au début il n'y avait personne.
Le noir.
Et dans le noir, quelque part, ici, un tic-tac.
Le tic-tac d'un cadran-réveil. Puis, couvrant le tic-tac, une sonnerie. L'appel d'un téléphone.
Dans le noir, venant du noir, la femme répond.

FEMME DEUX

Allo!?... Non, ce n'est pas moi... Mais non!

FEMME UN

La femme fait non de la tête.

FEMME DEUX

Attendez, je vais voir...

FEMME UN

Elle regarde. Il n'y a personne.

FEMME DEUX

Il n'y a personne.

FEMME UN

Elle explique à l'autre, à l'autre bout.

FEMME DEUX

Je passais, le téléphone a sonné… Mais non!… Je ne veux
pas vous jouer un tour…

FEMME UN

Elle écoute l'autre.

FEMME DEUX

Non!… Non…

FEMME UN

C'est plus long. L'autre doit lui parler, tenter de lui expliquer.

FEMME DEUX

Oui, je suis toujours là…

FEMME UN

Elle fait comme on fait toujours: elle examine ses ongles.

FEMME DEUX

Écoutez! Moi, je passais, le téléphone a sonné, y avait
personne… Alors j'ai répondu. Mais je ne suis pas
Jacqueline, ni Rosette, ni Stéphanie… Mais non!

FEMME UN

La femme voudrait bien partir, raccrocher. Mais l'autre la
tient; l'autre au bout de la ligne.

FEMME DEUX

Quoi?… Aller où?… Qui c'est?…

FEMME UN

Elle voudrait savoir, mais l'autre parle trop vite. Il lui dit
tout, d'un coup, sans s'expliquer. Elle voudrait
comprendre.

FEMME DEUX

Comment elle est? Sa robe, son maquillage... Quoi?...
Vous rappeler?... Quel nom?... Comment?... Je sais
pas... peut-être... Si vous voulez... Oui.., Oui...
Quoi?... Aie, attendez!

FEMME UN

Trop tard. L'autre a raccroché.

FEMME DEUX

Ah ben, maudit!

Noir.

SCÈNE 2

La femme, elle et lui.

LA FEMME

La femme est au restaurant. Il y a le waiter, ou le maître d'hôtel, ou quelque chose du genre. Ça fait un peu snob, un peu guindé. Lui, il demande:

LUI

Madame avait réservé?

ELLE

Non! Mais je ne veux pas manger.

LA FEMME

Il s'énerve un peu le maître; on le dérange.

LUI

Madame, ceci n'est pas un bar, ni une buvette. Ni rien de tout ça. Si Madame veut une table, il faut réserver. Ce soir tout est pris. Tout est complet... À moins qu'à...

LA FEMME

Il va consulter son carnet, voir si...

LUI

Mais pas avant onze heures.

ELLE

Je cherche quelqu'un.

LUI

Madame avait rendez-vous?... Si Madame veut bien me donner le nom de cette personne...

ELLE

C'est une femme.

LUI

Oui?...

ELLE

... une femme... je sais qu'elle est ici... C'est pour une commission.

LUI

Madame?...

ELLE

Un homme a appelé... tantôt... Il la cherche...

LUI

Le nom de Madame?

ELLE

Elle ne me connaît pas.

LUI

Non! Le nom de cette autre dame.

ELLE

Il ne me l'a pas dit... Ou je l'ai mal entendu...

LUI

Ah!...

LA FEMME

Bien sûr il comprend...

ELLE

Je m'excuse… C'est un peu confus…

LA FEMME

Lui, il se fait familier tout d'un coup. Il fait la babine.

LUI

Confus…

ELLE

Ça semblait important. Je l'ai senti. Sinon je ne serais pas venue jusqu'ici… J'ai cru que cette femme serait là… Je m'excuse.

LA FEMME

Elle va partir. Elle retraite. Et lui s'intéresse soudain.

LUI

Peut-être demain… Si Madame veut réserver… Plusieurs femmes l'ont déjà fait… Et vous ne serez pas la dernière… Madame?…

Noir.

SCÈNE 3

À une table. Les deux hommes.

HOMME UN

C'que j'aimerais, c'est baiser avec une infirme.

HOMME DEUX

Moi, j'ai plus envie de baiser.

HOMME UN

Je partirais des pieds, je lui caresserais les jambes, les mognons, les chiquots... C'est des jambes qu'a s'rait infirme.

HOMME DEUX

Moi, c'est les arbres. J'vais toute lâcher, pus rien... Jus' les arbres. Planter des arbres. Sur une grande terre rasée avec du foin qui sèche au soleil. Pis à place, planter des arbres. Pour pus voir la terre, pis l'foin qui sèche, le jaune du foin sec. Jus' le vert des arbres.

HOMME UN

C'est la seule chose qu'y est naturelle.

HOMME DEUX

Quoi?

HOMME UN

Baiser.

HOMME DEUX

Moi, j'ai pus envie d'baiser.

HOMME UN

T'es déprimé.

HOMME DEUX

Peut-être… C'est comme ça la vie!

HOMME UN

Oui, mon gars… La vie, c'est comme ça!

Noir.

SCÈNE 4

La femme et l'homme.

LA FEMME

J'ai toujours rêvé d'une vie excitante, mystérieuse, remplie d'inattendus. Vivre la vie d'une autre, la vie des autres. Ma vie à moi est plate. Elle revient toujours à ma cuisine.

Parfois je sors. Je me lève pleine d'ambitions... mes fantaisies. Je m'habille en robe, me maquille un peu plus. Je pars à l'aventure. Mais aussitôt sortie, j'hésite. À gauche, à droite. Des deux côtés c'est pareil. Si moi je veux changer, c'est dehors que tout est vieux, connu, déjà vu. Je marche tout de même; j'avance. Où aller? Aller où?

Une envie me prend: je vais faire du spécial, un repas avec plein de ragoûts, de tartes aux pêches avec crème glacée flambée. J'achète de tout et encore plus. Des savons, des sardines à l'ail... Je dépense sans compter. J'ai hâte de cuisiner. Je rentre. Il n'y a personne. J'ai oublié. Charles m'a laissée. Les enfants sont avec leur père. Je suis seule. J'aime être seule. Je mange un bout de pain, une tranche de jambon trempée dans de la moutarde de Dijon. La télévision joue. J'ai coupé le son. La maison est vide. Au fond je déteste manger. Mais c'est lorsque je mange que j'ai davantage l'impression d'exister.

L'HOMME

Moi, avant d'être enseignant, j'étais garde du corps, attaché à la personne d'un ministre.

LA FEMME

Ça devait être captivant! C'est un drôle de métier!...

L'HOMME

Pas tellement au fond.

LA FEMME

Une vie mouvementée!

L'HOMME

Pas tellement non plus. Vous voyez, je couchais chez lui, au sous-sol. Le plafond était bas. Ça me gênait, vu ma longueur. Du sous-sol, je passais à la petite auto... à le suivre.

LA FEMME

Vous avez voyagé beaucoup.

L'HOMME

Un peu. Mais toujours aux mêmes endroits. Vous voyez, il n'a jamais changé de portefeuille.

LA FEMME

Qui est-ce?

L'HOMME

J'ai juré de ne rien dire. Et il est mort. Mais j'ai démissionné avant. J'ai suivi une cure chez un chiro qui faisait aussi de l'acupuncture. Et puis je suis devenu enseignant.

LA FEMME

Vous avez fait beaucoup de métiers!

L'HOMME

Oui, mais je ne me suis jamais divorcé.

LA FEMME

Vous êtes marié?

L'HOMME

Non plus.

LA FEMME

Moi, comme je vous l'ai dit, mon mari, Charles, m'a laissée. Il était enseignant, comme vous. Actuellement il est à Salzbourg, sur la tombe de Mozart, avec une jeune fille, une de ses élèves qui désire devenir infirmière. Elle veut se rendre en Haïti, pour aider les misérables.

L'HOMME

Elle doit être bien jeune.

LA FEMME

Elle a mon âge. Avant elle faisait du cinéma. Ça la déprimait. Elle a voyagé: Londres, Paris, Naples. Elle a passé une vacance à Port-au-Prince. Ç'a été le coup de foudre... avec un jeune médecin québécois... Elle a appris à donner des piqûres, donner des médicaments, nettoyer les plaies. Mais sans son diplôme, elle ne pouvait en faire plus. Elle avait trouvé sa voie. Elle est revenue étudier.

L'HOMME

Votre mari aime les aventures.

LA FEMME

Comme moi. Mais lui a un métier rempli de possibilités.

L'HOMME

C'est vrai. L'enseignement est un métier d'avenir.

LA FEMME

La médecine également. Mais moi, je ne sais rien faire. Tout me ramène à ma maison. J'ai bien essayé de la vendre. Mais à quoi bon... L'agent d'immeubles a été mon premier amant. Pour tromper sa femme il prétextait des visites de mon bungalow. Il n'a jamais trouvé un seul client sérieux.

L'HOMME

Ne me dites pas que vous n'avez jamais eu d'aventures!

LA FEMME

Les histoires de cul, ça ne compte pas. D'ailleurs les hommes n'aiment pas les aventures dangereuses. Ils aiment se reconnaître chez eux. Les hommes que j'ai eus m'ont toujours baisée au lit. Je n'ai pas su les entraîner jusque sur la tombe de Mozart.

L'HOMME

Vous pensez toujours à votre mari.

LA FEMME

Pour moi, c'est le symbole de l'échec. C'est lorsqu'il m'a quittée qu'il s'est mis à vivre vraiment. Je n'ai été que sa cuisine, son lavabo, sa descente de lit.

L'HOMME

Vous êtes amère.

LA FEMME

J'ai eu deux enfants, me suis mariée, séparée. Mais ça se change.

L'HOMME

Puis-je vous aider?

LA FEMME

Non! Vous ressemblez trop à mon mari.

Noir.

SCÈNE 5

Deux femmes. L'une relit son texte. L'autre l'écoute.

FEMME UN

La femme marchait dans le noir. Dans sa tête repassaient les composantes du gâteau à la banane. Tout y était, mais en quelles quantités? Une sonnerie de téléphone. Autour personne. Au bout du fil, un homme, une voix d'homme qui cherchait une femme. Quelle femme? Il n'y en avait pas d'autres qu'elle. Elle, avec ses recettes en mémoire. L'homme voulait une femme, mais il n'y avait que la voix. Est-ce qu'on mettait du soda? ou de la poudre magique? ou les deux? Oui. Bien sûr! Il y avait de la poudre de soda dans son oreille. Et l'homme ne comprenait pas. Elle devait être là. Il la voulait. Elle avait disparu...

FEMME DEUX

Et la suite?

FEMME UN

Je ne sais pas. La femme va chercher l'autre. Mais elle ne sait pas qui c'est. Et plus elle va chercher, et moins elle trouvera.

FEMME DEUX

Et alors?...

FEMME UN

Alors, il ne restera qu'elle.

Un silence.

FEMME DEUX
Tu as revu Fernande?

FEMME UN
Non. Pas depuis longtemps.

Noir.

SCÈNE 6

Devant un miroir l'homme s'habille en femme. Il y met beaucoup de soin, d'attention. Il parle de sa voix de femme.

L'HOMME

Ce matin je fais des folies… des folies… je veux être folle… la maison, le jardin, les magnolias, les enfants… j'en ai marre… Ce matin je m'habille en femme et je vais dans l'ouest… J'aurais dû acheter la jaune… la jaune m'allait mieux… Je devrais peut-être… Francine… Francine! Réveille-toi! Qu'est-ce que tu veux? Qu'est-ce que tu veux vraiment?… Est-on jamais sûre de quoi que ce soit?… Non, toi! Toi! Francine Côté, qu'est-ce que, ce matin, devant ta glace, à moitié nue…

Noir.

SCÈNE 7

Un train en marche.
Une femme est assise, l'autre debout.

FEMME DEBOUT

La femme est assise, silencieuse. Elle regarde devant elle, droit devant elle. Et pourtant c'est au-dedans d'elle qu'elle fouille avec ses yeux de muette.

LES DEUX FEMMES

J'ai souvent voyagé par train...

FEMME ASSISE

... par le train...

FEMME DEBOUT

Elle... elle tourne la tête et voit par la fenêtre du wagon. C'est comme un couloir, un trou de lumière dans le noir, et elle voit la ville devant ses yeux.

FEMME ASSISE

Je ne te dérangerai plus, c'est promis.

LES DEUX FEMMES

Laisse-moi, laisse-moi donc tranquille.

FEMME DEBOUT

La femme a les mains posées sur ses cuisses, assise, calme, silencieuse. Elle voyage dans un train pendant que le train la transporte.

FEMME ASSISE

Jamais tu ne me trouveras.

LES DEUX FEMMES

… jamais…

FEMME DEBOUT

La femme s'échappe, s'évade. Et déjà elle n'est plus là.

Noir.

SCÈNE 8

Une femme est assise, l'autre debout.

FEMME DEBOUT

Une femme est assise, l'autre debout. Elle regarde devant elle, droit devant elle. Elle cherche. C'est elle la femme qui en cherchait une autre.

FEMME ASSISE

Je m'assois souvent, comme ça, chez moi. Quand j'ai fait tout mon ménage, vérifié la chambre des enfants, trouvé le menu du soir, me suis agitée comme une folle qui a un gros travail qui presse, quand tout est bien à sa place et que je n'ai plus rien d'autre à faire, alors je m'assois. Comme ça. Comme si j'étais dans un train que j'me dis. Bien sûr je pourrais sortir, faire des courses, acheter... des choses... de la viande, des légumes, de quoi manger... Mais non! Je sais où ça me mène. Non! Je reste assise, devant ma fenêtre, et je regarde.

FEMME DEBOUT

Hier elle est allée au restaurant. Elle s'était habillée en femme, tout en noir, profond décolté dans le dos. Elle montrait ses os, gros et pointus. Dans la salle elle s'est assise à une table, près d'une autre femme. Elle lui a dit qu'elle la cherchait, depuis un certain temps. Qu'un homme, un inconnu, la désirait, la voulait, voulait la prendre. Elle a rapproché sa chaise tout près de l'autre.

Elle a soulevé le bas de sa robe jusqu'aux cuisses, montré ses jambes de soie noire. En croisant sa jambe elle s'est penchée en avant. Elle montrait le creux de sa poitrine. Elle a mis la main sur la cuisse de l'autre et l'a pressée, doucement mais avec beaucoup d'insistance. Elle est restée comme ça un certain temps, sans bouger, sans parler. Puis elle a dit qu'elle en avait assez de sa cuisine et de la tarte aux prunes. Si l'autre le voulait, elle partirait avec elle. On est venu leur servir un verre de Brouilly. Ça les a séparées.

Noir.

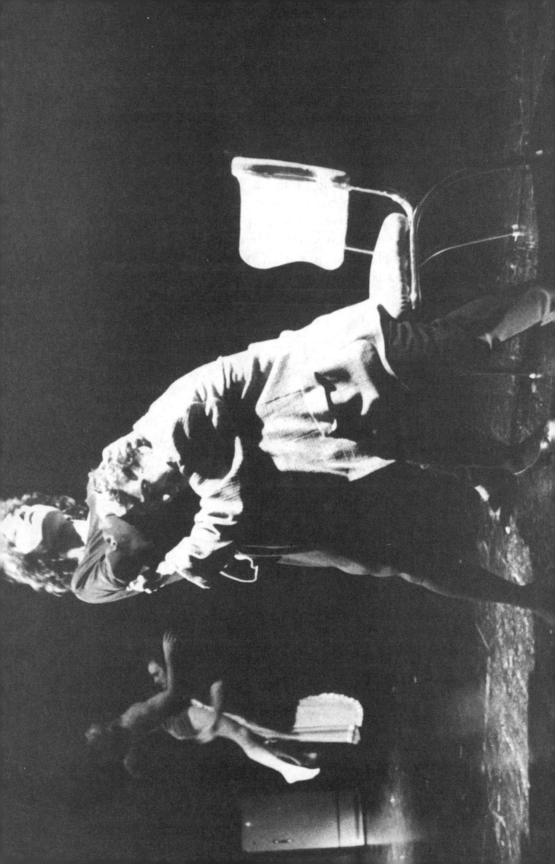

SCÈNE 9

Les deux hommes, à table.

HOMME UN

Qu'est-ce que tu fais?

HOMME DEUX

J'écris.

HOMME UN

T'écris quoi?

HOMME DEUX

Des dialogues philosophiques.

HOMME UN

C'est compliqué?

HOMME DEUX

Tu sais c'est comme toujours. C'est des problèmes simples qui se compliquent en cours de route. Mon problème c'est de savoir si un homme peut désirer avoir une femme et être une femme en même temps.

HOMME UN

Ah…

HOMME DEUX

Techniquement ça se fait. Mais pourquoi? Pourquoi ce désir?

HOMME UN

J't'envie! T'es là. T'as l'air de rien. Et pourtant t'as dans ta tête des idées… des idées toutes croches. T'es bizarre dans ta tête. J'aimerais ça être bizarre. Mais quand j'pense, c'est à des recettes que j'pense. Mes livres que l'lis, c'est des livres de cuisine. Pour m'endormir, je repasse les vieilles recettes que j'ai faites. Le soir, quand c'est platte à T.V., je lis mes livres de recettes. Ça me fait rêver. Ma fille dit que j'ai l'air d'un p'tit gars ces soirs-là. Moi, j'me rends pas compte. L'aut'soir y a Jacques Brel qu'y a dit à la télé que Dieu c'était l'homme. J'me suis demandé s'y voulait dire les hommes et les femmes ou jus' les hommes.

HOMME DEUX

T'as déjà désiré une femme?

HOMME UN

Bien sûr! Moi, je désire toutes les femmes. Mais c'est compliqué d'en avoir plus qu'une.

HOMME DEUX

Et être une femme?…

HOMME UN

Ça, c'est pas tellement mon domaine.

HOMME DEUX

Est-ce que tu crois qu'un homme peut devenir une femme, pour mieux la posséder?

HOMME UN

Moi, la seule façon que j'ai de posséder, c'est de manger. Là au moins, j'suis sûr d'être le seul et de tout prendre pour moi… J'pourrai jamais manger une femme… Remarque que si j'étais cannibale, j'en mangerais une… et peut-être plusieurs… et peut-être que ça.

HOMME DEUX

Tu penses jus' à manger!?...

HOMME UN

Manger et baiser, c'est c'qu'y a de meilleur... Dieu, c'est sûrement pas l'homme. La femme peut-être, j'sais pas. En tout cas pas moi. Quand j'pense à Dieu j'ai honte, honte de penser à manger. J'pourrai jamais être Dieu. J'aurais trop honte.

Noir.

SCÈNE 10

La femme est seule.

LA FEMME

Il est parti avec les enfants. Ça a fait un creux, pas tellement dans l'espace mais dans le son. Tout à coup ça a été
silencieux. J'ai entendu de l'air circuler. Il a fait un peu
froid. Le juge lui a donné raison. J'avais plus la mienne.
C'est ce qu'ils disaient tous les deux. J'ai parlé, au début
pas fort, puis un petit cri. Le son a résonné dans le living.
J'ai mieux compris que la maison était vide. Il me l'a
laissée. Ça, le garage et l'auto. Elle était neuve à l'époque.
Je l'ai pas changée. Et puis… à quoi bon! C'est une fami-
liale. C'est le garçon d'un voisin qui vient faire la pelouse.
Parfois les enfants viennent. Une fois par mois. Je peux
les avoir plus souvent si je veux. Ils vont se baigner chez
les voisins. Ici tout le monde a sa piscine. Moi, je n'en ai
pas. À quoi ça servirait?

J'ai pas repris mes cours. Ni mon inscription au tennis.
J'ai un peu grossi. Le ventre. La taille. Pourtant je mange
presque pas.

La maison est propre. Au début j'avais une femme qui
venait chaque semaine. Y a des pièces où je vais jamais.
La maison est grande. Je réussis pas à la déplacer.

Noir.

SCÈNE 11

Les deux femmes.

L'UNE D'ELLES

On s'était d'abord entendu là-dessus. Pour moi le cul, c'était pas très important. Je voulais des enfants, une famille, une maison. Pour la famille, ça allait. Il a toujours eu le culte de la famille. La maison était à mon goût. J'en ai payé plus que ma part. Mon père m'a avancé la somme. Et puis il est mort. Ma mère ne le savait pas. Le cul, lui, ça marchait fort. Mais y rentrait toujours. Moi, ça m'allait. J'avais déjà les deux premiers. Ça m'occupait. Les boiseries à décaper. Maman prenait les petits la fin de semaine. Ça sentait fort dans la maison. Lui était avec son étudiante. Belle-maman a appelé, m'a posé deux ou trois questions. J'ai pleuré. Elle a tout compris. C'est elle qui lui a parlé. Son devoir de père. La famille. Sa femme pleurait. Elle voulait plus qu'il me fasse pleurer. C'était un peu elle qui souffrait. C'était sa responsabilité. Lui était tout étonné. Y comprenait pas. Il n'avait jamais été question. Il est revenu. Il m'aimait. Pourquoi pleurer? Bien sûr il y avait l'autre. Mais c'était entendu. Depuis le début. J'ai dit oui. C'était sa mère. La mienne gardait les petits. J'ai pleuré encore, devant lui. Ça m'a rassurée. Le ragoût sentait bon. Il m'a caressée. Ça m'a fait chaud au ventre. On s'est aimé. J'ai fait la vaisselle le matin. Ma mère a pris un café. Il n'y avait pas de croissants. La vie a continué. Je comprends pas pourquoi j'te dis tout ça. Je dois en avoir besoin. Tu vas pas t'en aller?...

Noir.

SCÈNE 12

L'homme seul dans sa cuisine.

L'HOMME

Il y avait le père, assis dans le coin, à regarder le vide, préoccupé. La femme n'était plus là. Ça faisait dix ans que c'était comme ça. La femme vivait ailleurs, sa vie à elle. Le père était assis et se demandait quel dessert, quelle pâtisserie il devait préparer. Le gâteau chocolat avec crémage chocolat? Le gâteau fromage? La tarte aux pommes? La tarte tatin peut-être?... Il y avait tellement de beurre, et de sucre, et de chocolat! Le père se demandait si son estomac, son foie avaient envie d'une nouvelle bataille. La fille a demandé le fond du plat à lécher. La fille aimait bien le gâteau chocolat ou le gâteau fromage de son père. Et le père se demandait s'il allait faire plaisir à sa fille. S'il fallait lui demander de faire la vaisselle. Si sa fille l'aimait pour lui-même ou pour son gâteau. Le père était dans son coin, préoccupé. La porte s'est ouverte, la fille est sortie. Un courant d'air froid sur les pieds. Et le chat qui miaulait. Le chat qui avait toujours faim.

Noir.

SCÈNE 13

Il y a un homme et une femme. Et puis cet autre homme qui explique ce qui en est.

L'HOMME QUI EXPLIQUE

La femme s'était assise à table. C'était aussi la mère. Vous ne comprendrez jamais qui était cette femme. Ce qu'elle valait. Ce qu'elle voulait. Moi non plus. Moi qui suis un homme, je ne la comprendrai jamais. Elle s'était assise à la petite table et l'homme, son mari, la servait. Lui, je le comprends. Vous aussi bien sûr. Je pourrais être lui. Ou lui, moi. Enfin c'est pareil.

Lui était nerveux. Il ouvrait la bouteille de blanc mais dans sa tête c'était son discours qu'il préparait. Du bourgogne. Du Bourgogne Virée. Un bon cru, bonne année. Le bouchon était mou. Les verres dépareillés. L'homme était assis devant celle qu'il avait mariée, épousée. Elle aussi l'avait marié, épousé, au même moment, dix ans plus tôt. Tous deux se rappelaient la date. C'était facile: trois jours avant sa fête à elle. Et maintenant il devait lui parler mais il avait peur. Il craignait. C'était pour les enfants. C'était toujours pour les enfants. Il y avait ça entre les deux: les enfants. Ça les séparait. Et ça les unissait pour toujours. Enfin, c'était un peu poétique.

Il y avait l'école à payer, les habits de neige à remplacer. Les cours de ballet, l'abonnement à la piscine, le stage d'équitation et les règles de la plus vieille. Il ne savait pas quoi faire avec les règles de la plus vieille. Ils ont discuté longtemps. La bouteille était vide. La femme riait. L'homme, son mari, était perdu dans ses pensées. Il s'est penché vers l'arrière, comme pour s'étirer. Il a fermé les yeux, comme pour tout effacer. Ils se sont levés tous les deux. La femme est partie. Et l'homme est allé à la cuisine. Il a ouvert le frigidaire. C'était un peu vide.

Noir.

SCÈNE 14

Il m'a demandé: «Tu crois qu'on peut écrire une femme?» Qu'est-ce que ça veut dire: «... écrire une femme»? Il m'a dit qu'il écrivait lui. Il écrivait une pièce, une pièce pour le théâtre. Et que dans son théâtre il y avait pas une mais des femmes. J'ai dit qu'alors y avait pas de problèmes. Il y a des femmes, alors t'as juste à écrire sur elles. Et puis les comédiennes, c'est des belles femmes. Il m'a dit qu'il se faisait des problèmes avec ses personnages de femmes. C'est quoi des personnages de femmes? Ça existe pas. Il y a que les femmes. Il m'a dit que je comprenais rien. Que j'étais une bourrique. Un gros tas. Mais il n'a qu'à le faire tout seul son théâtre. Pourquoi il me demande? Moi, je veux rien savoir. Je suis bien. Je bois mon vin blanc et je cuisine. Je fais la bouffe. Lui, il a pas cette fille qui revient crevée chaque soir et qu'il faut nourrir. Il a pas cette femme qui est là quand elle veut. Et cette autre qui attend, et les autres, abandonnées, qui pèsent aussi. Lui, il a que ses personnages, ses personnages de femmes. Enfin, tout ça je l'ai gardé pour moi. J'ai rien dit. Pour pas le choquer l'écrivain. Qu'est-ce qu'il m'a raconté encore?... Qu'il voulait devenir une femme. Ça, j'ai souri. Je sais. Je pouvais pas comprendre. Quand même. J'ai mes sentiments. Je peux faire des efforts. Je lui ai demandé s'il voulait des frites. Avec le Beaujolais, c'était pas méchant. J'ai fait les frites et j'ai

jonglé. Lui, il parlait. Le vin l'enflammait. Il a pas que
parlé de ses femmes de personnages. Il a parlé d'écriture,
de mots, de musique de la parole. Il était parti… Mais
moi, c'est son truc de femme qui me tournait dedans. Je
blanchissais les patates. J'allais encore sentir la friture
demain. Et l'appartement. Et tout. Ça colle partout.
Devenir une femme!… Je trouvais ça drôle, pas possible,
et en même temps ça me collait à moi. Je tournais ça dans
ma tête. Je lui ai servi ses frites, bien salées. Il m'a dit:
«T'es une belle plotte!» Je lui ai répondu: «C'est normal.
Je fais ça tous les jours. J'ai été élevé par des femmes. J'ai
marié des femmes. J'ai eu des enfants-femmes. Alors, ta
femme, c'est moi.» Et on a niaisé comme ça. Et encore
plus. Mais le reste, c'est que des conneries encore plus
connes. Des trucs de tavernes qu'on raconte dans les
cuisines, quand tout le monde est parti.

Noir.

SCÈNE 15

LA FEMME

Il y avait cette femme. Je l'ai connue. Je la connais. Je l'ai vue le lendemain. Ou plutôt la journée même. Elle n'était pas bouleversée. Un peu fatiguée. Elle n'avait pas beaucoup dormi. Ça se voyait. Elle n'avait pas eu, pas pris le temps du lait, du cache, du revitalisant, de la crème night-and-day. Ça se voyait sur son visage, sous les yeux.

Cette nuit-là elle avait écrit sur les murs de son salon: Cécile, I love you! Cécile, ma tabarnak! Fuck you, Cécile! avec son rouge à lèvres d'abord. Puis avec ses pots de gouache. Elle avait ce matin même annulé ses cours de peinture. Je sais. Elle avait trop bu.

Et le matin, très tôt, avant que les enfants ne se lèvent pour l'école, elle était redescendue et avait tout effacé, lavé sur les murs du salon. Elle avait préparé les déjeuners. Et les enfants étaient partis, par l'autobus d'écoliers. Elle était partie, elle aussi, à son travail. L'amant. Un homme qui ne doit rien. Un homme libre. Pour une femme libre.

Elle me l'a raconté, à l'heure du break, à table, à la cafétéria, en douce, pas trop fort pour pas que les patrons et les autres entendent. C'était comme une tempête, comme une mort qui avait plané cette nuit-là, chez elle, une mort absorbée, comme une morve qu'on retient pour la cracher plus tard, une mort civilisée, discrète.

Elle est repartie à son travail, à son salon, à sa maison, ses enfants, son amant, qui est rentré cet autre soir-là. Il a parlé de la chasse, des plaisirs de la chasse, de la beauté de la chasse. Mais il trouvait que les frais adjacents ne cessaient d'augmenter. Et que la livre de steak d'orignal devait bien représenter le salaire d'une semaine pour un employé de chez Steinberg.

Noir.

SCÈNE 16

L'homme dans sa cuisine. Sa fille.

L'HOMME

La fille s'est assise là. C'est sa place. Elle s'assoit toujours ainsi. Et elle mange. Elle boit aussi, son bol de lait au chocolat. Son lait chaud qui lui réchauffe les mains. Elle est un peu verte. Parce qu'elle ne mange pas. Qu'elle est végétarienne. Et qu'elle rentre tard. Elle dit qu'elle ne fait pas exprès, qu'elle fera attention, que c'est sa vie, son corps, ses choses à elle. Elle renifle parce que le chocolat est toujours chaud, ou parce qu'elle a eu froid. Parce qu'elle sort sans chapeau, la tête mouillée, les cheveux pas secs. Elle se coulerait dans son bol si elle le pouvait. Elle a besoin de sous, d'argent, de piastres. Elle fait la liste: billets d'autobus, bas, petites culottes. Les autres sont trouées, toutes percées. Qu'est-ce qu'elle fait avec ses petites culottes? Et ses objets personnels, ses produits de corps: le gel à cheveux, le savon de miel, le eye-liner, le mascara, le blush et les ombres à paupières. Elle cache ses cernes. Elle pleure ses amants. Elle use son vieux rouge sur les vitres de sa chambre: I hate the world. Et toutes sortes de cochonneries en anglais. Elle qui parle si mal l'anglais. Elle finit son chocolat. Il en reste au fond. Ça va coller, là. Elle ne mange pas ses toasts. Elle n'est plus là, assise là, au bout de la table. Elle se regarde dans la glace, juste au-dessus de «I love that guy!» Elle ne sait plus quoi faire de ses pantalons: en dehors ou en dedans des bottes? Elle est affreuse. Elle ne se plaît pas. Ce matin, elle ne se plaît pas.

Noir.

SCÈNE 17

L'homme dans sa cuisine. Sa fille.

L'HOMME

Elle m'a d'abord regardé, comme ça, du coin de l'œil.
Elle a guetté. Et puis elle s'est assise sur moi. Toujours ce
regard par en dessous. Comme si j'avais pu la battre.
Comme si j'avais pu seulement la repousser. J'ai pris sa
tête dans mes mains. Ça a fait rond. Tout rond, au creux
de mes mains. Elle a fermé les yeux. Et j'ai vu.

Une femme nue, dans un bar...

Noir.

SCÈNE 18

La femme et l'homme à table.
Il se fait tard.

L'HOMME

Franz Kafka était juif. Il parlait le yiddish et écrivait en allemand. Il vivait à Prague. C'était un Tchèque. Vingt-cinq ans auparavant, Smetana se battait pour enseigner la musique en langue tchèque. Ici les gens parlent le français, ou l'anglais. Ils écoutent la télévision, jamais du Smetana. Et quant à Kafka...

Noir.

SCÈNE 19

L'homme seul dans sa cuisine.

L'HOMME

Je m'étais bien habillé. J'avais fait le ménage de la maison. J'étais propre. La fille faisait du remue-ménage. Elle m'a demandé si elle était belle. Moi, je pensais à ma femme. Je lui ai dit que sa jupe n'allait pas avec sa chemise. Elle m'a dit que j'étais jaloux. Moi, j'y connais rien.

Je pensais que je n'étais pas fait pour vivre avec des femmes. Je n'étais pas fier de moi. Le plancher pourrissait autour du radiateur. Si on grattait, on allait voir la cave bientôt.

Elle m'a rassuré. Elle m'a dit qu'elle rentrerait tard, très tard. Ou peut-être pas du tout. J'ai regardé par la fenêtre. Je ne savais pas. «Je m'en fous. Si tu te fais massacrer, je ne serai plus là. Et si tu crois que ça me préoccupe, tu te fourres le doigt dans l'œil.»

Je me suis fait un gin tonic. J'ai vidé la bouteille. Et j'ai trouvé mon ménage bien fait. Ça sonnait Noël. Il y avait *le Messie* à la radio. La chandelle rouge sur la table était éteinte. J'ai cru que la médiocrité n'aurait plus de fin.

Noir.

SCÈNE 20

Les deux hommes, à table.

HOMME UN

Ça t'arrive, toi, de pas avoir envie de baiser?

HOMME DEUX

Non… rarement… je crois pas… J'y ai jamais vraiment pensé.

HOMME UN

Moi, ça m'arrive maintenant. Je m'observe. Je me vois aller.

HOMME DEUX

T'as trop de vacances! Tu travailles pas assez.

HOMME UN

Non! Je fais ma vaisselle. Tous les jours. Mon lit est fait. Le lavage étendu devant le radiateur. La poussière ramassée. Je mets du vinaigre dans mon eau pour laver les planchers. Non! Tout est propre. Je suis toujours occupé. Non! Je sens plus l'envie. Ni dans le ventre. Ni dans la tête. Ni dans la queue.

HOMME DEUX

Tu y penses trop. À force de penser que t'as pas envie, ben… t'as pu envie. C'est normal. Tu te conditionnes.

HOMME UN

Peut-être... Peut-être que c'est l'âge.

HOMME DEUX

Y a pas d'âge là-dedans. Une fois que c'est parti, ça arrête pus.

HOMME UN

C'est une passe. Je dois être très préoccupé... Mais j'sais pas d'quoi?

HOMME DEUX

Dors don', mon gros. Quand tu dors, tu penses pas.

HOMME UN

J'fais jus' ça dormir. Pis quand j'dors, j'fais des rêves cochons.

HOMME DEUX

Tu voés ben qu't'es pas fini!

HOMME UN

Oui... je l'sais... Mais ça m'dérange quand même.

Noir.

SCÈNE 21

FEMME UN

Assise devant l'homme elle lui demandait:

FEMME DEUX

Comment elle est, elle?... Je veux dire, quelle sorte de femme est-ce?

FEMME UN

Et lui était un peu gêné; il ne savait pas. Ça faisait pas mal longtemps qu'il ne l'avait pas vue, l'autre. Elle, celle qui lui demandait ça, il l'avait rencontrée une ou deux fois, pas plus. Et encore là, c'était avant la mort de sa mère.

FEMME DEUX

Est-ce qu'elle a changé beaucoup?

L'HOMME

Tu sais, je l'ai à peine revue après son retour des Caraïbes. Et avant, ça remonte assez loin déjà. C'était...

FEMME UN

Il avait envie de lui raconter sa vie à lui, pas celle de l'autre. Il y avait que sa vie qu'il aimait raconter. C'était que la sienne qu'il connaissait un peu. Et comme ça, en la racontant, il avait l'impression de mieux la saisir sa vie.

L'HOMME

Je venais de me séparer; on était trois gars en peine d'amour, d'amour légal je veux dire...

FEMME DEUX

Mais elle, elle était comment à l'époque?

L'HOMME

(Très belle!)

FEMME UN

Mais ça, il ne l'a pas dit.

L'HOMME

Elle avait un sale caractère. Elle se chicanait toujours. Des crises pour rien. Et puis la dope. Elle faisait du cinéma. Elle était malade. Une grave maladie. Une sorte de cancer, un cancer aux organes. Elle pouvait plus avoir de p'tits.

FEMME UN

Quand elle baisait, elle faisait tout un vacarme. Il aurait voulu la baiser aussi, mais elle était avec l'autre. Peut-être qu'elle, elle aurait voulu; mais il n'avait pas osé.

FEMME DEUX

Quelle sorte de femme est-ce?

L'HOMME

Une femme bien. Un peu originale. Une tête dure. Une qu'y a pas froid aux yeux.

FEMME UN

Une qui a l'habitude de s'faire mal. Une poquée, qui a des bleus pas jus' sur les cuisses. Une qui guérit sa peine en s'occupant de celle des autres.

L'HOMME

Quand je l'ai revue, à son retour des Caraïbes, elle avait changé. Elle était sérieuse, très sérieuse. Elle avait entrepris ses études d'infirmière. Elle attendait la fin de son cours pour retourner là-bas, retrouver ce jeune médecin français qui soignait les Noirs. Trois ans. C'était long. Je l'ai revue un seul soir. Je sortais d'un spectacle. J'ai jamais cru qu'elle irait jusqu'au bout. Ni qu'elle retournerait aux Caraïbes.

FEMME DEUX

Non. Elle a décidé de partir en Afrique, avec Étienne.

FEMME UN

Il ne comprenait pas bien. Ça avait l'air de la troubler beaucoup.

FEMME DEUX

J'ai peur qu'Étienne parte. J'ai peur de le perdre. J'ai peur qu'il suive cette femme en Afrique... Elle, je l'ai rencontrée. J'étais de dos. L'autre jour, par hasard. Je ne l'ai pas vue, juste entendue. De dos. Elle mangeait à une table voisine, dans mon dos. Elle va recevoir son permis d'infirmière, et tous les papiers. Il y a un poste au Kenya. Elle disait qu'Étienne la suivrait. J'ai peur de le perdre.

FEMME UN

La femme s'était levée. Elle a remercié l'homme. Il fallait qu'elle parte. Sa fille rentrait plus tôt de l'école aujourd'hui. Et puis l'homme avec qui elle vivait maintenant, il n'allait pas bien. Il venait tout juste de laisser sa femme et il n'était pas sûr de son coup. Parfois il regrettait. Si sa mère acceptait, elle irait au restaurant avec lui. Elle était sûre de rien.

Non, elle allait rentrer à pied. Sa voiture était au garage. Ça lui permettrait de penser. De penser à tout ça. On verrait bien.

Noir.

SCÈNE 22

LA FEMME

J'ai vu. J'ai vu cet homme, assis, courbé sur la table, près de la fenêtre. Il faisait noir. Le soir. Penché sur une feuille, un cahier. Il écrivait. Je crois. Il s'arrêtait. Regardait. Un peu ahuri. Il déchirait la feuille. Regardait. Ahuri. Reprenait. Une autre feuille. C'était comme ça. Un bout de temps.

Puis il s'est tourné. Je l'avais de dos. S'est levé. Regardé là-bas. Il y avait une glace, au fond, contre le mur, près d'une malle. Il s'est regardé.

Il est allé derrière une porte. Je l'ai plus vu. Sur la table, une chandelle, ses papiers, presque tous froissés.

Devant la glace du fond, il avait une robe, et sur sa tête une mauvaise perruque. Il se mettait du rouge. Il a claqué les lèvres. Il est revenu en femme à la table, s'est rassis. Repris le crayon.

Il était plus calme. Il souriait, peut-être. Pas sûre. Et les feuilles se sont empilées, toutes bien écrites, bien propres.

Noir.

SCÈNE 23

L'HOMME

Elle m'a demandé si ça allait bien. Si tout allait bien. Si
elle pouvait faire quelque chose.
Je lui ai répondu: la vaisselle.
Elle m'a dit: T'as des problèmes d'amour?
— Non! d'écriture. J'ai des problèmes d'écriture.
Enfin, c'est pareil. C'est tout comme.

Elle a refermé la porte. S'est repliée. De l'autre côté il y
avait son dernier amant, celui de la fin de semaine passée
qui traînait encore dans son lit, et il était déjà jeudi.

Sur la table, près de mon manuscrit, il y avait une liste à
elle. Ça partait d'octobre de l'an passé et près des dates il
y avait des noms, le nom de chacun de ses nouveaux
amants. C'était une sorte d'aide-mémoire.

Je l'ai entendue rire à côté.

Du piano jouait. Je savais plus si c'était dehors ou dedans.
C'était l'été.

Enfin l'été!

Noir.

SCÈNE 24

Les deux hommes, à table.

HOMME UN

J'ai fait un jeûne.

HOMME DEUX

T'as pas beaucoup maigri.

HOMME UN

C'était pas pour ça. C'était pour réfléchir. On pense mieux le ventre creux.

HOMME DEUX

Et t'as réfléchi à quoi?

HOMME UN

J'ai pensé à moi, histoire de faire le point.

HOMME DEUX

T'avais besoin de jeûner pour ça?

HOMME UN

C'était un prétexte, une sorte d'isolement. J'ai rien mangé pendant une semaine. Plus le temps passait, plus je voyais clair. Ça se nettoyait. Partout c'était plus clair. Je me comprenais mieux.

HOMME DEUX

T'as compris quoi?

HOMME UN

Mes pulsions femelles. Mon moi-femme. Plus je jeûnais et plus je me sentais devenir femme.

HOMME DEUX

T'avais pas faim?

HOMME UN

Au début, oui. Puis on oublie. C'est tout le corps qui se met à penser, à se tourner sur lui-même, à se regarder. Et je me suis vu femme. Il y avait de caché, et il suffisait de dégraisser un peu, de décaper, il y avait une femme qui dormait sous ma peau.

HOMME DEUX

C'est étrange.

HOMME UN

Je le soupçonnais. Je savais bien qu'il y avait quelque chose comme ça. Mais là, avec, grâce au jeûne, je l'ai vue, je l'ai sentie, je l'ai touchée.

HOMME DEUX

Et qu'est-ce que ça t'a fait?

HOMME UN

Je me sentais un peu étranger à moi-même. Je me regardais et c'était une autre à ma place. J'ai jeûné une autre semaine. Là, je suis tombé dans le chaos, le vide. Plus loin que la première semaine, il y avait rien. À croire que sous la femme, y avait que le néant. Une enveloppe vide. Au bout des quatorze jours, j'ai repris à manger. Je suis retourné chez moi et j'ai mangé que de la salade et du yogourt pendant un mois.

Après je me suis remis à la viande, au vin. Des saucisses de Toulouse, des frites et du vin de Cahors.

Noir

SCÈNE 25

LA FEMME

La femme est blessée. Elle est assise, sans rien dire, sans pleurer. Elle a cessé de pleurer, de chercher, de tenter de comprendre. Elle est assise, et le regard un peu dans le vague. Il y a un air de guitare qui pince ses cordes dans sa tête. Elle a beau se dire qu'il y en aura d'autres, qu'il y en aura bien d'autres! Qu'elle en a vu d'autres; qu'elle n'est pas née... Et pourtant, et malgré tout, la femme est blessée, assise. Triste, sans pleurer.

Près d'elle se tient une autre femme: moi. Elle pourrait la prendre, l'autre, la prendre dans ses bras. Comme dans ces films, ces images où on voit une femme bercer la tête d'une autre, ou d'un enfant, ou d'un mort. Elle pourrait dire à cette femme blessée qui ne pleure plus: «Je suis là. Je suis là. Tu peux pleurer. Tu peux laisser couler toute ta peine. Je suis là et tu peux mouiller ma robe de tes larmes et de ta morve. Je suis là.»

Mais la femme qui est moi et qui reste debout ne dit rien. Elle regarde la femme assise. Elle la voit car nul autre avant elle ne l'a vraiment regardée. Et son regard se transforme en parole. Elle-moi va raconter, tout dire de la peine de la femme. Et la femme blessée se mettra à vivre par, à travers les paroles de la femme debout qui ne disait rien.

Noir.

SCÈNE 26

FEMME UN

L'homme était assis à table.

Devant, une femme tout absorbée par un dessin qu'elle faisait et refaisait avec des crayons de cire. Lorsqu'ils sont partis, plus tard, il y avait une épaisseur de couleurs cirées sur le papier qui recouvrait la table. L'homme parlait fort, plutôt ivre.

L'HOMME

Ce que je veux c'est la toundra… Tu sais ce qu'est la toundra… La Russie… je veux du poivre… plus fort… comme la vodka… les communistes vont tout' détruire… Il faut les tuer. Absolument. Tous des communistes…

FEMME UN

Il disait ces choses et des énormes plus grandes encore. La femme faisait la sourde… Elle écrasait sa craie de cire sur la fleur de papier.

L'HOMME

Viens, chérie… viens que j'te prenne.

FEMME DEUX

Ne me touche pas. Je t'interdis!

FEMME UN

Et cet homme s'était approché de la femme et tentait de

lui tripoter un sein, par l'arrière, comme s'il se contentait de l'enlacer.

L'HOMME

Je vais te montrer ce que c'est que la toundra. Tu sais c'que c'est que la toundra. Des plaines sans fin avec presque pas de végétation. Juste des herbes qui poussent drues.

FEMME UN

La femme allait prendre son sac, rompre, quitter, rétablir la paix.

FEMME DEUX

J'te dis d'me laisser. Laisse-moi.

L'HOMME

Et l'Alabama? Je veux un Alabama. Quelque chose de fort. Quelque chose qui m'écrase. Un martini, un vrai, un sec. Je veux de l'Alabama.

FEMME UN

L'homme était abattu, soudain écroulé. Quelques souvenirs devant ses yeux, peut-être des États du Sud.

L'HOMME

Je boirais une vodka…

FEMME UN

La femme le prit par le bras, soudain très mère. Elle fit attention aux autos, en traversant. Pour la première fois elle a montré son visage. Ce n'était pas une femme belle, ni laide. Ni jeune, ni vieille. Rien du tout. Elle aimait l'homme.

FEMME DEUX

Ce soir je vais conduire.

FEMME UN

C'était une auto moyenne, une japonaise. Il était sept heures du soir. Il faisait clair et chaud. La nuit allait tomber bientôt.

Noir.

SCÈNE 27

FEMME UN

Plus tard... beaucoup plus tard, le téléphone a sonné. Cette femme qui ne se souvenait plus a pris l'appareil, comme on fait toujours.

FEMME DEUX

Allo!

FEMME UN

Elle avait de la poudre, de la farine aux doigts.

FEMME DEUX

Allo!... Je fais du gâteau.

L'HOMME

Allo! C'est moi... Oui, c'est moi.

FEMME UN

La femme, plus vieille, plus tout à fait la même, a reconnu la voix.

FEMME DEUX

Vous cherchez une femme.

L'HOMME

Oui. Toujours une femme. Mais je ne la trouverai pas.

FEMME UN

Il s'était résigné.

FEMME DEUX

Vous voulez du gâteau?

L'HOMME

Je ne peux la trouver. Enfin, pas tout à fait. J'en ai trouvé plusieurs, mais je les ai toutes changées, ou perdues de vue, ou abandonnées.

FEMME DEUX

Vous n'avez pas à vous justifier.

FEMME UN

De l'autre main elle portait le bol, appuyé sur la hanche, comme on fait avec les jeunes enfants.

L'HOMME

Au fond, on ne peut pas trouver; ça n'existe pas. La réalité n'existe pas vraiment. Quand on croit la posséder, la serrer vraiment dans ses bras, elle s'enfuit, elle n'y laisse que poussière, ou cadavre, ou amertume.

FEMME DEUX

Vous devriez vous marier, ou faire à manger, ou garder des enfants. Rien de mieux pour saisir la réalité.

FEMME UN

Et la femme riait. L'homme un peu. La femme avait raccroché. Elle avait mis plein de pâte sur l'appareil. Elle l'essuya d'un coup de langue.

FEMME DEUX

Il faudrait plus de chocolat.

Noir.

FIN

Montréal, le 20 août 1985.

Table

CET OUVRAGE
COMPOSÉ EN GARAMOND CORPS 12 SUR 14
A ÉTÉ ACHEVÉ D'IMPRIMER
LE QUINZE MAI
MIL NEUF CENT QUATRE-VINGT-ONZE
PAR LES TRAVAILLEURS ET TRAVAILLEUSES
DES PRESSES DE L'IMPRIMERIE GAGNÉ
À LOUISEVILLE
POUR LE COMPTE DE
VLB ÉDITEUR.

Ce livre est imprimé sur
du papier contenant plus
de 50% de papier recyclé
dont 5% de fibres recyclées.

IMPRIMÉ AU QUÉBEC (CANADA)